빛을 사유하다

빛을 사유하다

백후자 사유집

Photo Essay

작가의 말

언젠가 당신도 그 빛 속에서
나를 만나기를.

카메라를 들면, 세상이 조금 다르게 보입니다.
빛이 비취는 방향에 따라 풍경은 달라지고
그 속에 담기는 마음 또한 변합니다.

순간을 붙잡으려는 마음으로 셔터를 눌렀는데,
돌아보니 그 순간이 나를 붙잡고 있었습니다.

바람에 흔들리는 풀잎, 구름 사이로 쏟아지는 햇살
그리고 스쳐 간 얼굴들.

이 책 속의 사진과 글은
그때의 빛과 그때의 마음을 함께 담은 작은 기록입니다.

누군가에게는 그저 지나간 장면일지라도
또 다른 누군가에게는 오래 남을 이야기이기를 바랍니다.

빛은 흘러가지만
그 빛 속에 깃든 이야기는 오래 머물렀으면 합니다.

목차

작가의 말　　　　　　　　4

1장 낮별

가로등	14
공범	16
괜찮아	18
귀면	20
그 또한 가시밭길이더라	22
그날, 그리고 오늘	24
그날	26
그땐 진짜 몰랐어	28
그렇다	30
그리움	32
기다림	34
기도	36
길	38
길흉	40
꽃	42
나, 어때	44
나도 벗어나고 싶어	46
날다	48
낡은 하루	50
낮별	52

2장 능소화

내가 갈 곳은	56
내가 더 좋아	58
너 뭐니	60
너에게로	62
넌 왜 혼자니	64
능소화	66
다르잖아	68
다시 주연	70
다이아몬드길	72
닮음, 그리고	74
담다	76
둥우리	78
둥지	80
들판의 모델	82
땡감의 꿈	84
마음 동향	86
마음 하나쯤	88
물 위를 걷는다	90
바다를 담은 커피	92
발우	94

3장 수국

뱃살	98
봄밤	100
부질없는 짓	102
비 온 날	104
비행	106
빈손	108
뿌리	110
삶	112
삶의 현장	114
삼인 삼색	116
석류	118
선물이 왔디야	120
소리, 힐링이더라	122
소원 불씨	124
속도를 꿈꾸다	126
속이 타다	128
손맛	130
수국	132
쉬어가는 숨	134
아들 & 딸	136

4장 아스타

아스타	140
아하!	142
알	144
양귀비	146
양귀비꽃	152
어쩜 좋아	154
엄마의 맛	156
여백	158
옹두리	160
왕버들	162
웃자	164
유주	166
응시 1	168
응시 2	170
이렇게도 봐봐	172
인사	174
인연	176
있잖아	178
자목련	180
자유	182

5장 코스모스

잘 자라다오	186
제비꽃	188
젤 잘한 일	190
주머니 사정	192
초롱꽃	194
추억 마중	196
친구 하자	198
커피 드실래요	200
코스모스	202
탈피	204
틈새 전략	206
풍경	208
하나인 듯	210
하늘꽃	212
하심(下心)	214
함께 하면 좋은 사람	216
허공	218
형제	220
화양연화	222
후회한들	224

1장 낮별

낮에도 빛나는 별이 있다.
그것은 보이는 것보다 더 깊이,
마음속에 숨겨진 희망이다.

가로등

고향 집에서 돌아오는 길이었어
아주 늦은 밤이었거든
거리에선 사람 구경 힘든 시간이었지
거리가 휘황찬란하더라.

밤에 열리는 사과 봤니?
노란 사과, 빨간 사과가
줄지어 열린 거 있지
우왕, 눈이 번쩍 떠지더라.

사과의 고장이라는 건
익히 알고 있었어
근데 밤에만 열리는 사과가 있다는 건
나도 이제야 알았다는 거 아니니.

* 가로등은 어둠 속에 피어난 조용한 온기였다.

* 달빛 아래 묻힌 말 한 조각이,
　바람의 입술에 닿을까 두려워 밤은 침묵을 삼킨다.

공범

아무에게도 말하면 안 돼
너만 알고 있어야 해
친구가 살며시 말해준 속내
나만 알고 있으려니 좀이 쑤셨어.

아무에게도 말하면 안 돼
진짜 너만 알고 있어야 해
또 다른 친구에게 소문내며
발설하지 않겠다는 다짐을 받았지.

내가 퍼트린 몇 마디 말
네가 덧붙인 몇 마디 말
꼬리에 꼬리를 물고 돌고 돌면서
비틀어지고 날이 서 비수처럼 꽂혔어.

너 때문이야.
난 그렇게 말하지 않았어
모두가 발뺌하지만 공범이었지.

쉿!
말하지 말랬잖아.

* 삶은 질문이고,
   존재는 그 대답을 더듬는 일이다

괜찮아

문 앞에 섰어
발을 들이고 안 들이고의 차이
속계에서 선계로 넘어가는 듯
내려놓을 마음 한 짐 지고 발 들였어.

문을 등지고 섰어
내리고 나온 마음이 개운하더라
노란 물 한껏 머금은 눈부신 세상
내가 디딘 이 땅이 주는 선물 같더라.

지나온 날들을 돌이켜봤어.
삶이란 게 고요치만은 않더라
일렁이고 술렁이고
단단해지는 건 그다음이더라.

분주한 세상으로 걸어 나왔어.
내가 걷는 길이 구불텅하기도 하겠지만
그래도 괜찮아
곧기만 하다면 그 또한 지루하지 싶어.

귀면

내가 무엇으로 보이니?
사자, 도깨비, 용
어떤 이는 개의 얼굴이라고도 하더군.

보는 이에 따라 제각각 다르잖아.
보이는 대로 믿으면 돼
믿는 대로 보이는 거니까.

걱정하지 말고, 액운은 내가 다 막아줄게.
내 얼굴을 봐
귀신도 달아날 거 같지 않니.

* 귀면은 괴물의 얼굴이 아니라
  진실을 외면할 때 생겨나는 인간의 또 다른 얼굴이다.

그 또한 가시밭이더라

대체로 평탄한 길 걸어온 줄 알았어.
남들이 하는 얘기, 산전수전 공중전
나와는 상관없는 일이라 여겼지.

눈으로 보이는 게 다가 아니었어
딛고 온 길 더듬어 보니 아팠더라
지혈되지 않을까 뽑지 못한 가시가 한둘일까.

내 긴 호흡 안에 콕콕 박혀
들숨 날숨 쉴 때마다 찌르더라고
어느 순간 무뎌지니 아픈 줄도 모르고 산 거지.

* 가시밭에 심은 희망은 천천히 피어난다.
 그러나 그 꽃은 누구보다 단단하다.

* 기적은 바람처럼 다녀가지만, 흔적은 가슴에 남는다.

그날, 그리고 오늘

바닷길이 열리는 곳으로
여행할 때가 있잖아.

그날
바닷길이 열린 거야
모세의 기적, 들어봤지
정말 기적이 일어난 줄 알았잖아
근데 말이야, 그건 자연의 오묘함과 같은 거였어.

그날
나도 바닷길을 유유히 걸어봤다는 거 아니겠니
우리의 삶 속에 기적 같은 일 참 많아
오늘
또 기적은 와.

그날

하늘을 올려다보았어.
그냥 맑기만 했거든.
맑음을 타고 빛이 쏟아지는 거야
그 빛 속으로 끝없이 스며들었어.

빙그르르
하늘이 돌았을까.
내가 돌았을까.
빛의 속도만큼이나 빨랐어.

빛을 따라가는데
비우지 못한 내 삶의 휴지통이 보이더라
똬리 튼 탐욕 덩어리가 징글맞았지
그날만큼은 맑음이 탐욕을 누르는 거 같았어.

* 끝없는 소유의 손을 놓을 때,
 비로소 마음은 하늘처럼 맑아진다.

* 마음은 바람 없는 호수,
 건드리는 이는 언제나 나 자신이다.

그땐 진짜 몰랐어

사소한 일인데
자꾸만 의견 충돌이 생겨
뒷일 따윈 개의치 않고
상대의 마음을
사정없이 긁었어.

살짝만 들여다보고
조금만 기다려 주면
너를 위한 마음
나를 위한 마음이
고스란히 드러날 텐데.

그렇다

새하얀 거품 물고
사납게 밀려드는 파도에 물었어.
"성난 거니?"

파도가 바람에, 물어보라네.
"성난 거니?"

* 파도는 바람을 탓하듯,
 내 마음은 상처를 탓하며 끝없이 요동친다.

바람이 내게 물었어.
"성난 거니?"

아, 그렇네.
지금 내 안에 성이 차올라 요동치고 있었군.

그리움

꽃이 피면 온댔잖아
물그림자 깊어지고
꽃잎 내려앉거늘.

꽃이 지면 오려나
네 그림자 간데없고
떠가는 꽃잎이 무심타.

* 그리움은 시간이 빚은 그림자처럼
　마음 가장 깊은 곳에 조용히 내려앉는다.

기다림

너랑 나랑 연애할 때 기억나니
내가 너 참 많이 기다리게 했잖아.
그때 네가 기다리지 않았다면
너와 나, 우리가 아닐지도 몰라.

참 미련스러울 만큼 기다리는 네가
안쓰러워지기 시작하면서
연민인지 연정인지 모를 감정이
네 곁에 머물게 만들더라.

연민이면 어떻고 연정이면 어떨까.
중요한 건 지금 너와 내가 함께라는 것이지
우리가 고난과 기쁨을 함께 나눈 시간만큼
기다림은 값진 선물 같은 거였어.

*** 물방울이 이끼 위에 맺히듯,
　기다림은 마음 가장자리에서
　조용히 자라 나는 그리움이다.**

기도

나는 지금 무엇을 바라는 걸까.
답을 내지 못하기에 두 손 모으고
눈꺼풀을 내리듯 마음을 낮추었어.
어떤 힘도 부르진 않았지만
어떤 힘이든 내 안에 깃들길 바라더라.

간절함은 거창한 꿈이 아니야.
그저 오늘 하루 무사히 넘기고 싶다는 바람.
사랑하는 이의 안녕을 빌며
어디 아프지 말고, 오늘도 그렇게 살아있어 달라고.
속으로 수없이 외치는 마음이더라.

* 간절함은 닿지 않는 것을 향해,
　마음이 끝내 포기하지 못한 손짓이다.

길

같은 곳을 맴돈다.
왔던 길, 갔던 길
몇 번을 돌아봐도
낯설긴 마찬가지.

나에게 길 찾기란
늘 미로다.
금방 돌아본 길도
돌아서면 생소하다.

온몸의 감각을 곤두세워 보지만
내가 찾는 길
실핏줄처럼 가느다랗고
생명줄같이 애매하다.

*** 길이 없어 보여도 발이 닿는 곳마다
그것은 곧 길이 된다.**

* 길흉은 외부의 일이지만 그것에 눌리는가, 이겨내는가는 결국 마음의 일이다.

길흉

살다 보면 별별 일 다 있잖아.
그럴 땐 어떻게 하니
어디에든 털어놓고 싶잖아.

그래 그렇게 해
나무면 어떻고 돌탑이면 어떻니
좋은 일 궂은일 털어내고 가.

좋으면 좋은 대로
궂으면 궂은 대로
내가 웃어주고 울어 줄게.

꽃

피어도 꽃
떨어져도 꽃
나는 꽃이다.

올해도 피고 지고
내년에도 피고 지고
쭈욱 피고 질 꽃이다.

계절은 순환하고
어제의 햇살은 오늘도 머물고
바람은 어제의 향기를 품었더라.

* 꽃이 지는 것은,
 슬픔이 아니라 자연의 예절이다.
 모든 존재는 물러남으로써 자리를 남긴다.

나, 어때

푸른 하늘에
구름이 떠돌며 몽글몽글 그림을 그려.
아담한 높이의 짙은 산빛은
마을을 수놓아.

나는 감나무
삐쩍 말라 보잘것없이 보이겠지만
이 마을에서 나를 지워 봐
너무 밋밋하지 않니.

듬성듬성 매달린 열매에도
멋이 있고, 맛도 있어
허투루 생겨난 건 없단 말이지
봐봐, 얼마나 조화로운가.

* 조화는 불완전한 둘이 모여
  완전한 하나를 꾸미는 우주의 숨결이다.

나도 벗어나고 싶어

새장 안 새가 포륵포륵 날고 있었어.
주는 먹이 꼬박꼬박 받아먹으며
주는 사랑 넘치도록 받으면서 말이야.
그렇게 살면 행복할 것 같았지.

천만의 말씀, 만만의 콩떡이야.
새는 매일매일 하늘을 나는 꿈을 꿨어.
새는 그렇게 살도록 태어났단 말이지.
새장 안에 가둬 두면 얼마나 갑갑하겠어.

대구 중구의 수제 구두 골목길을 지날 때였어.
눈에 띄는 건 구두 가게뿐이더라.
옛적, 멋쟁이는 이곳에서 구두 맞춰 신고
여기저기 세상을 누볐다지.

그들은 어디로 가버리고
골목길 안에 갇힌 구두만 주인을 기다리더라.
또각또각 뚜벅뚜벅, 주인 만난 구두가
골목길 벗어날 날은 언제쯤이려나.

* 현실은 깨어 있는 자의 꿈이지만,
  꿈은 진실을 숨기지 않는다.

날다

신혼여행 가던 날

처음으로 하늘을 날아봤지.
내가 고소공포증이 있거든.
이륙할 때 숨을 꾹 참았어.
잠시 귀가 멍해지더니 괜찮더라.

하늘 높이 날아오르니
세상이 내 눈 안에 들더군.
보이지 않았던
볼 수 없었던 세상이 보이더라.

날아봐, 그럼 알아.

* 하늘을 난다는 건, 자유를 쫓는 것이 아니라
스스로 무게를 감당할 각오를 품는 일이다.

낡은 하루

향촌동 수제화 골목길을 걷고 있었어. 구두가 유리문에 주렁주렁 그늘처럼 매달려 있는 거야. 가던 길 멈추어 가만히 들여다보았지. 오랜 시간 잊힌 듯한 그 자리에, 걷다 만 이야기들이 웅크리고 있더라.

어제와 닮았고 내일과 크게 다르지 않았던 그들의 삶이었어. 그날그날이 버거워 정체된 나날의 연속인 줄 알았대. 맵싸한 청춘 너머로 세월이 분주히 흐르고 있는 걸 몰랐던 거지.

그들이 만든 구두를 신은 사람들 있잖아. 새벽을 뚫고 들어온 빛줄기처럼 세상 곳곳의 틈바구니 속으로 파고들어 아침을 연거래. 아침은 곧 낮으로 향하는 문턱을 넘은 것이고 말이야.

하나의 구두는 장인의 오랜 시간이 살아있는 작은 풍경이었어. 손톱 밑에 남아있는 오래된 노고와 곳곳에 배인 가죽 냄새가, 낡은 시간 안에서 어렴풋이 맴돌더라. 낡음의 시간 위로 또 하루가 흐르고 있어.

* 우리는 하루를 소모한다고 믿지만,
실은 하루가 우리를 천천히 깎아 만든다.

낯별

햇볕 붉은 정오
돌담길 걷다가
두 눈 똥그래진 사건
빨간 별, 봤다.

* 눈을 감으면 별이 뜬다.
  내 안의 어둠이 충분히 깊어졌다는 뜻이다.

2장 능소화

열정적인 사랑은
불타듯 피어나지만,
스스로를 태워야
비로소 세상에 닿는다.

내가 갈 곳은

납작 엎드려 기다린다.
어디로 가든 팔자소관
굽히거나 쪄지거나
종착역은 같다.

스스로 갈 길을 묻는다.
수많은 세월을 묻고 물으며 걸어왔지만
아직도 방향을 잡지 못하고
길 위의 떠돌이처럼 갈팡거린다.

내가 가야 할 곳,
종착역은 별반 다르지 않다
그럼에도 끝없이 헤매는 건
주어진 삶에 대한 존중이다.

* 삶은 한 줄기 바람에도 흔들리는 촛불이지만,
 그 불꽃 하나에도 우주는 고요히 머리를 숙인다.

* 민들레는 거칠고 메마른 땅에서도 자신을 피워내며, 아무리 작은 생명이라도 희망을 품을 수 있다는 걸 보여준다.

내가 더 좋아

땅바닥에 착 달라붙은 나만 그런 줄 알았어.
시시때때로 밟히고 차였거든.
내 소원이 뭐였냐면
저기 나무 꼭대기에서 꽃 피우는 거였어.

근데 말이야, 맘이 바뀌었어.
꼭대기에서 꽃 피우면 뭐 해
결국엔 땅바닥으로 떨어져 나뒹굴잖아.
난 떨어져 나뒹굴 일은 없단 말이지

너 뭐니

거기가 고깃집 건물 난간이잖아.
고기 먹고 배 두드리며 나왔더랬지.
네가 두 다리 쭉 뻗고 누워 있더라.

얼른 카메라 셔터를 눌렀지.
그러거나 말거나
빤히 쳐다만 보는 너.

팔랑팔랑 나비 한 마리
네 주변을 맴돌고만 있고
도대체 너란 녀석, 뭐니.

* 세상의 모든 긴장은
 저 고양이의 뻗은 다리 앞에서 잠시 숨을 고른다.

너에게로

찾았다.
어차피 내 손 잡을 거면서
왜 그동안 코빼기도 안 보이고
애태웠던 거니.
나는 네가 이 세상에 없는 줄 알았잖아.

* 네가 있는 곳이라면 길이 아니어도 걸어갈게.
  그곳이 끝이라도 내 마음의 시작은 언제나 너야.

온 도시를 뒤지고
온 나라를 헤매고
온 지구를 살피며
널 찾아 헤맸잖아.

내가 거기로 갈게.
넌 그냥 그 자리에 있으렴.
세상 무엇이 훼방을 놓아도 개의치 않아
너만 볼 수 있다면

* 더불어 산다는 것은, 서로의 마음에 작은 창 하나씩
내어 바람이 드나들게 하는 일.
바람이 지나간 자리에 꽃이 피듯,
나 아닌 너로 인해 내가 피어나는 삶이다.

넌 왜 혼자니

네 명 이상 안 돼.
두 명 이상 안 돼.
두 명도 안 돼.
그럼. 혼자 먹으란 말이잖아.

지난 일이 되었지만
그땐 참 난감하더라
친구도 만날 수 없고
심지어 가족도 함께하면 안 됐지.

이젠 옛일인가 하겠지만
아냐 아냐.
늘 도사리고 있는 못된 바이러스
또 고개 쳐들고 설치면 감당 안 되지.

하나 보단 둘
둘보단 셋
셋보단 넷이 더 좋지
그래, 우리가 되기 위해 우리가 노력하자.

능소화

올 때까지 기다린다는 거야
그러지 말라고 그랬지.
안 나가려 했는데 신경은 쓰이더라.

설마설마했어
한 시간이 지나고 두 시간이 지났거든.
거기 그 자리에 그대로 기다릴 줄이야.

여닫히는 문소리가 들릴 적마다
고개 빼고 쳐다봤을 너의 마음이
시간 안에 갇히어 다가오더라.

타오르듯 붉게 핀 능소화를 보았어.
님의 발소리만 기다리다 꽃이 된 여인
담장을 타고 올라 임을 기다린다지.

기다림은 꽃이 되는 일이랬거든
그냥 한마음을 다해
온몸을 불태우는 일이라고 말이야.

기다림에 기다림을 더한 마음에 꽃이 피더라
담장을 타고 오른 붉은 고백처럼
햇살인 듯 바람인 듯 그렇게 스며 온 게지.

*가장 낮은 자리에서 시작된 마음,
 담장 위 가장 높은 햇살 향해 피어났다.

다르잖아

자그맣고 동글동글 야들한 빨간 열매
앙증맞은 모양에 끌려 다가갔어.
한 알 따서 입에 넣고 싶은 충동이 일더라.

"뱀이다."
누군가의 외마디에 스프링 튕기듯 튕겨 나와 줄행랑쳤지.
어릴 적 뱀을 보고 놀란 가슴이 되살아나 뛰지 뭐니.

왜 뱀딸기냐고?
뱀딸기가 자라는 데 뱀이 자주 나타난다고 그렇게 이름했대.
뱀이 먹는 딸기라 뱀딸긴 줄 알았지.

뱀과 뱀딸기
전혀 어울리지 않는 둘의 관계가 묘하지.
같은 환경에서 자라지만 다름은 인정하자고.

* 다름을 인정한다는 것은, 내 울타리 너머의 꽃이 피는 방식을 아름답다고 말할 수 있는 방식이다.

다시 주연

내 몸이 허물어져 볼품이 없잖아.
누가 나를 봐주겠니
혼자 바람 맞으며
쓸쓸한 날이 많았거든.

어쩌다 새 한 마리 날아와 앉더라
예쁘기도 하고 고맙기도 해서
내 몸 통째로 내어줬지
콕콕 쪼아대더니 가버렸어.

근데, 때론 누군가에 의해
내가 빛날 때가 있더라
나, 지금이 그때인 거 같아
봐봐, 들꽃으로 인해 내가 빛나잖아.

* 주연은 중심에 서 있기보다 의미를 감당하는
  자의 또 다른 이름이다.

* 돌아보니, 내가 걸어온 길엔 별이 아닌 발자국이
 빛나고 있었다. 상처로 반짝인 나만의 은하수였다.

다이아몬드 길

돌아갈 수 있다면 언제로 돌아갈래
난 스무 살 때로 돌아가고 싶어
그때로 돌아갈 수만 있다면
못 할 게 없을 것 같아.

혹자는 그래
지금껏 힘들게 살아 여기까지 왔는데
뭣 하러 돌아가서 또 그 고생을 하냐고
다시 돌아갈 마음 없대.

삶에 시행착오가 많았잖아
그 길을 거슬러
새롭게 살아볼 기회가 주어진다면
난 그러고 싶어.

멀찌감치 물러나 되돌아봤어.
아쉬움에 미련투성이야
지난 길이 얼마나 반짝였는지 미처 몰랐던 거지
그걸 알아가는 시간이 참 길었다.

닮음, 그리고

하늘과 바다가 만났어.
하늘의 푸름을 바다에 담고
바다의 푸름을 하늘에 비추며
둘은 그렇게 닮아갔지.

너와 내가 만났어.
너를 닮은 아들 낳고
나를 닮은 딸 낳으며
우리도 그렇게 닮아갔지.

하늘인 듯 바다인 듯
너인 듯 나인 듯
닮음, 그 뒤의 무엇
넘을 수 없는 게 참 많아.

*닮음은 모방이 아니라,
 같은 근원에서 울리는 두 개의 메아리다.

* 닮는다는 것은 겉모습이 아니라 같은 결을 따라 품는 것이다.

담다

오롯이 너를 담기 위해
수많은 날을 공들였어.

푸르지
잔잔하지.

내가 널 담고
네가 날 담았어.

오우!
똑 닮았어.

됐다 됐어.
드디어 하나야.

둥우리

먹고 살고
아이들 공부시켜 내보내면
덩그러니 집 한 채 남는대.

복닥거리던 날들은 미련 없이 떠났는데
주책맞은 고독만이 주인인 양
아랫목 차지하며 들어앉는다는 거야.

이것이 우리네 인생이라지 뭐니
평생을 바쳐 마련한 둥우리 지키며
남은 삶을 다시 그려야 한 대.

부모님보단 내가 좀 더 나아가고
나보다는 내 아이들이 좀 더 나아가고
그렇게 우리는 나아가는 삶을 그리며 살아.

* 둥우리는 몸이 아닌 마음의 집,
　그 안에서 나는 나로 돌아간다.

둥지

자식이 크니
진로 따라 둥지를 떠나더라.
그때까지만 해도
품 안의 자식이었지.

짝을 만나
새로운 둥지를 틀더라.
혼인신고, 그날 이후
품 밖의 자식 되더군.

나도 그랬는데
새까맣게 모르고 살다가
이제야 알겠어.
울 엄마도 나와 같은 마음이었겠다.

* 둥지는 머무는 곳이 아니라,
  그곳에 담긴 기억과 사랑으로
  내가 다시 태어나는 자리다.

* 옷은 몸의 집이고, 스타일은 그 집에 깃든 영혼이다.

들판의 모델

나 어릴 적 허수아비는 짚단에 누더기를 걸쳤었어.
험상궂은 얼굴에 밀짚모자 눌러쓰고
논밭 한가운데 지키고 섰으면 새들이 얼씬 못했지.

가을빛이 찬란히 내려앉은 황금 들판의 패션쇼
오후 햇살의 빛나는 조명, 바람이 연주하는 산뜻한 멜로디
단벌로 사계절을 소화하던 그 컬렉션이 아니야.

꾸민 듯 안 꾸민 듯한 빈티지 감성의 언밸런스디자인
경쟁하듯 차려입은 그들의 스타일링은
균형을 일부러 무너뜨린 비대칭의 미학이었어.

때때론 정확한 대칭보단 언밸런스가 생동감을 주더라
들판의 모델, 허수아비 당신
올가을 가장 스타일리시한 존재로 인정합니다.

땡감의 꿈

아, 어떡하지
간밤에 불어닥친 비바람이
날 허무하게 떨궈버리잖아.

홍시의 꿈은 사라지고
이대로 썩어 벌레 밥이 되려나
바닥에 뒹구는 게 서럽더라.

오호, 나를 봐주는 이가 있어
고운 천에 물들여
어머니 옷감으로 쓴다네.

은은하게 감물들인 옷 입고
곱게 익어가는 어머니 따라
나도 함께 익어가야지.

* 감처럼 사람도 익어야 맛이 난다.

물 한 방울조차 허락되지 않는 땅에서,
씨앗은 자신을 찢으며 하늘을 꿈꾼다.

마음 동향

발걸음을 멈춘다.
누군가의 간절함에 무심한 눈길이 얹힌다.
하나하나 마음을 기울인 흔적 앞에 다소곳해진다.

무릎을 굽히고 마음을 굽힌다.
이 자리에서
무릎 굽히지 않은 이 누구랴.
마음 굽히지 않은 이 누구랴.

하찮아 보였던 돌멩이 하나지만
여기, 이곳에 올려지는 순간부터
신의 경지다.
빛의 속도만큼 마음에서 동요가 인다.
나약하기 그지없는 마음을 돌탑 위에 싣는다.

굳건하고 단단하게 지켜 주십사
쌓아 올린 동글한 돌멩이 위로 빛이 든다.
마음에서 발사된 말랑한 빛이다.

마음 하나쯤

쿰쿰한 곰팡냄새 배인 셔츠처럼 눅눅한 시간이 쌓인 골목이 있더라. 문득 멈춰 선 골목 어귀, 마치 시간에서 밀려난 풍경을 발견한 듯했지.
전당포, 잊힌 듯 묻힌 듯 드라마에서나 본 듯한 곳이렷다.

한 번 발들이면 언제 나갈 수 있으려는지. 좀체 기약 없는 것들의 집합소라지. 누군가는 결혼 패물을 맡기고, 누군가는 대대로 물려받은 가보를 맡기기도 했다잖아.

금보다 수억 배 무거운 마음이 저울 위에 얹히고, 깃털보다 가벼운 몇 푼 받아 전당포를 나갔다지.

잊은 줄 알았던 어떤 시간을 기억해 낸 느낌이야.
되돌려 찾아올 순 없지만 다시 떠올릴 수 있는 마음은 누구든 간직할 수 있잖아.

기억 속 전당포에 맡겨둔 마음, 되찾을 용기 없는 그런 마음 하나쯤은 있지.

* 마음속 가장 어두운 방에는,
　가장 오래된 진심이 숨는다.

물 위를 걷는다

어느 날 오후였어
세상에 혼자인 것 같은 거야
이유 없이 쓸쓸한 날 있잖아.
그날이 그랬어.

자박자박 혼자 걸었어.
하늘도 내려오고
숲도 다가오고
저 멀리서 산도 기다리더라.

아무도 없는 게 아니었어.
넌 늘 가까이에 있는데
내가 몰랐던 거야
그날도 넌 그곳에 있었지.

* 그리움이 흐르는 강을 따라 걷다 보면,
  늘 그 자리에 앉아 있는 너의 고요에 닿는다.

* 인생은 쓴맛을 알아야 깊어지고,
  커피는 그걸 매일 상기시킨다.

바다를 담은 커피

커피 거리가 있더라
그곳엔
푸르른 낭만이 기다리고
풋풋한 젊음이 북적였어.

반달 모양 커피잔에
바다를 담아 봤지.
헤이즐넛 커피 향이
푸르른 바다향을 머금더라.

드넓은 수평선 바라보며
바다 머금은 커피 한 모금 넘겼지
오후로 향하던 내 인생 시계가
경계를 넘나들며 서성이더라.

바다만큼 푸르렀던 내 날들을
커피잔 기울이며 들여다봤어.
내 순차적인 삶의 모습이
오롯이 커피잔에 담기더라.

발우

둥근 고요 앞에 앉았어
정갈하게 놓인 그릇 하나
거기엔 밥이 있고, 산채가 있고,
맑은국이 있고, 물이 있었어
그리고 아무것도 없더라.

공양은 선택이 아니라 마주함이래
자족을 배워야 하는 이유이고
가진 것을 내려놓는 연습이고
가득 담는 법을 배우기 전에
비우는 법을 배워야 하는 거래.

공양을 마치고 발우에 물을 부었어.
소리 없는 물결 하나가
고요하게 그릇을 적시더라
남김없이 닦아내며 마음도 닦았지
깊은 곳에서 타고 오르는 맑은 여운이 있더라.

* 허기를 달래는 밥보다 탐욕을 가라앉히는 침묵이 먼저다.

3장 수국

신비는 꽃잎 사이에 숨겨져
빛에 스치듯 단 한 순간만 드러난다.
그러나 그 한순간이 마음에 오래도록 남는다.

당신의 뱃살은 표준입니까?

| 20대 : 17.35cm | 30대 : 19.21cm | 40대 : 20.32cm | 50대 : 22.77cm | 60대 : 24.39cm | 빅사이즈 | 답없음 |

뱃살

최대의 고민거리
누구는 답 없음
누구는 20대란다.

무심코, 손이 닿은 곳
냉장고 문이 열린다.
재바르게 움직이는 손

누가 다 먹은 거니.
내일부터 다이어트
어제의 내일이 오늘도 내일

* **복근은 주방에서 만들어진다지만,
 내 주방은 항상 배달 중**

봄밤

연화지에 벚꽃이 그렇게 예쁘게 핀다지만 가 본 적이 없었어. 하긴 우리나라에 벚꽃 예쁜 곳이 한두 곳은 아니잖아. 아파트 베란다 창문 너머로 보이는 꽃만으로도 봄은 다 본 듯한걸. 그래도 언젠간 갈 날 있으리라 생각은 했거든.

그런 날이 왔어. 우연히 외출한 날이었어. 그곳으로 향했지. 벚꽃이 절정인 주말이었으니 그날 아니었으면 또 해를 넘길 뻔했어. 그래서였을까. 그곳을 찾은 사람이 어깨를 부대낄 만큼 많더라.

그곳은 밤 풍경이 더 예쁘대. 그래서 기다렸지. 어둑어둑 어둠이 내릴 즈음 하나둘 불이 켜지더라. 불빛 담은 호수가 윤슬처럼 튀어 오르고 분칠한 듯 화사한 꽃잎은 황진이만큼 곱더라.

인생 숏 남기려는 청춘들의 분주함,
그들로 인해 봄밤이 더 빛나더라.

※ 낮이 꽃이라면,
봄밤은 그 꽃을 기억하는 향기입니다.

부질없는 짓

개운치 않은 네 말에
오만가지 생각이 도사려
뒤척뒤척 고스란히 밤을 잃고
이불 속에 짓눌린 몸을 당겼어.

비틀린 걸음은 창문으로 향하고
한 손으론 헝클린 머리를
다른 한 손으론 밤을 지킨 커튼을 걷어내었지.
커튼 뒤 햇살이 질서 없이
왈카닥 쏟아지더라.

게슴츠레 뜬 눈을 비비며 창문을 열었지.
햇살 타고 들어온 바람이 양기로웠어.
양기로운 기운 받으며 네 말을 곱씹어 봤지.
참으로 단순한 일인데
왜 그렇게 복잡하게 얽었을까.

밤새워 뒤척이며
머릿속에서 썼다 지웠다
몇 편의 소설을 썼는지 몰라.
다 부질없는 것인데 말이야.

* 인간은 의미를 찾기 위해 몸부림치지만,
  부질없음은 그 모든 의미의
  껍데기를 벗기고 침묵으로 되돌린다.

* 오래된 기억은 낡은 필름처럼 흐릿하지만,
그 안엔 여전히 웃음소리가 산다.

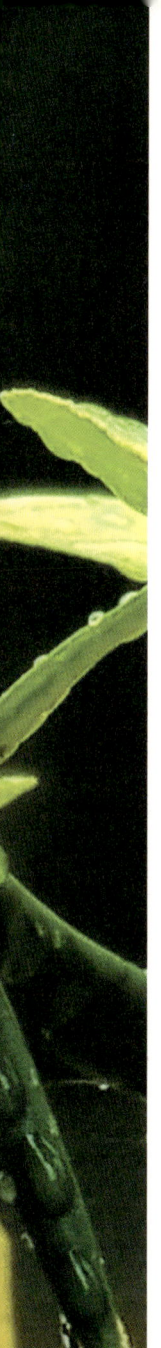

비 온 날

치짓치짓치짓, 전 굽히는 소리가 그렇게 좋더라
고소한 기름 냄새는 덤이었지
울타리에 주렁주렁 매달린 애호박 몇 따고
뒤꼍 텃밭에서 부추며 풋고추며 깻잎도 땄더라.

솜씨 좋은 울 엄마, 뚝딱뚝딱
한 채반 금방 구워 낸 애호박전, 부추전, 깻잎전
호호 불 새도 없이 금방 사라지지만
또 한 채반 수북이 구워 내었지.

아들도 안 준다는 초벌 부추 베어 보내며
전 구워 사위 먹이랬거든
마침, 비 온 날
치짓치짓치짓, 전 굽히는 소리 들어 봐.

추억의 맛, 언제 어느 때든 맛나거든.

비행

날아오르는 꿈을 꾸었어.
강을 건너고
마을을 지나고
산을 넘어
하늘로 날았어.

높이 또 멀리
날아가 보았거든.
물소리 사람 소리 새소리
바람이 전하는 소리에
자연이 그린 세상까지 봤어.

꿈은
현실과 이상의 경계에 있더라
어디까지 날아오르느냐에 따라
실현의 가능성이 달라지는 거지
날아봐 그리고 말해줘.

* 비행은 꿈의 날개가 현실을 잠시 벗어나는
 순간이었고, 나는 찰나의 고도에서
 세상의 무게를 잊었다.

空手來
空手去

빈손으로 와서
빈손으로 가는 인생

빈손

내가 쥐고 있는 것은 무엇인가.
태어날 땐 분명 빈손이었지.
살면서 움켜쥐는 것도 배우고
버리는 것도 배웠어.

손바닥을 펼쳐보니 아무것도 없다.
살면서 분명 끊임없이 쥐려고 노력했을 터
눈으로 보이는 게 다는 아니지.
내 안에 도사리는 욕망, 그 또한 손안에 든 거지.

나는 아직 소유하지 않음이 불안하고
없음을 감당할 자신도 없고
텅 빈 나를 바라볼 용기도 없어.
아직은 무언가를 쥐어야만 나답게 살 것 같은데.

* 아무것도 들지 않아야 품을 수 있는 게 많아.

뿌리

아버지는 수원 백
어머니는 달성 서
우리 남매 모두 수원 백
아버지의 성씨 따라 뿌리 내린다.
어머니만 달성 서이다.

결혼과 더불어 남편 성씨 족보에 오른다.
내 뿌리를 뽑아와 옮겨 심는다.
남편은 선산 김
나는 수원 백

내가 낳은 아이
아들 하나, 딸 하나
둘 다 남편의 성씨 따라 선산 김 쓴다.
나만 수원 백이다.

*** 세상이 나를 몰라줘도 괜찮아.
내 뿌리는 나를 알고 있으니까.**

삶

때론
바람이 불고
비가 오기도 하고
눈이 오기도 했어.

태풍에
온몸이 으스러지기도 하고
상처투성이 되어
몸을 가누기 힘들기도 했어.

그렇다고
꼭 그런 날만 있는 건 아니야.
눈이 부시도록 햇살 내리면
지난 고난이 행복인 양 웃게 되더군.

*** 햇살이 비추는 순간만이 삶은 아니다.
그림자 속에서도 꽃은 자란다.**

삶의 현장

팔딱팔딱 오징어가 뛴다.
그물 속에 갇혀
살아보려 애쓴다.

어부 실은 오징어잡이 배
벌컥벌컥 파도를 삼킨다.
그물망 무게 같은 삶이 온다.

*** 등불 하나, 별 하나 삼킨 오징어잡이 배는,
　고단한 그리움이 노를 젓는 새벽의 기도문이다.**

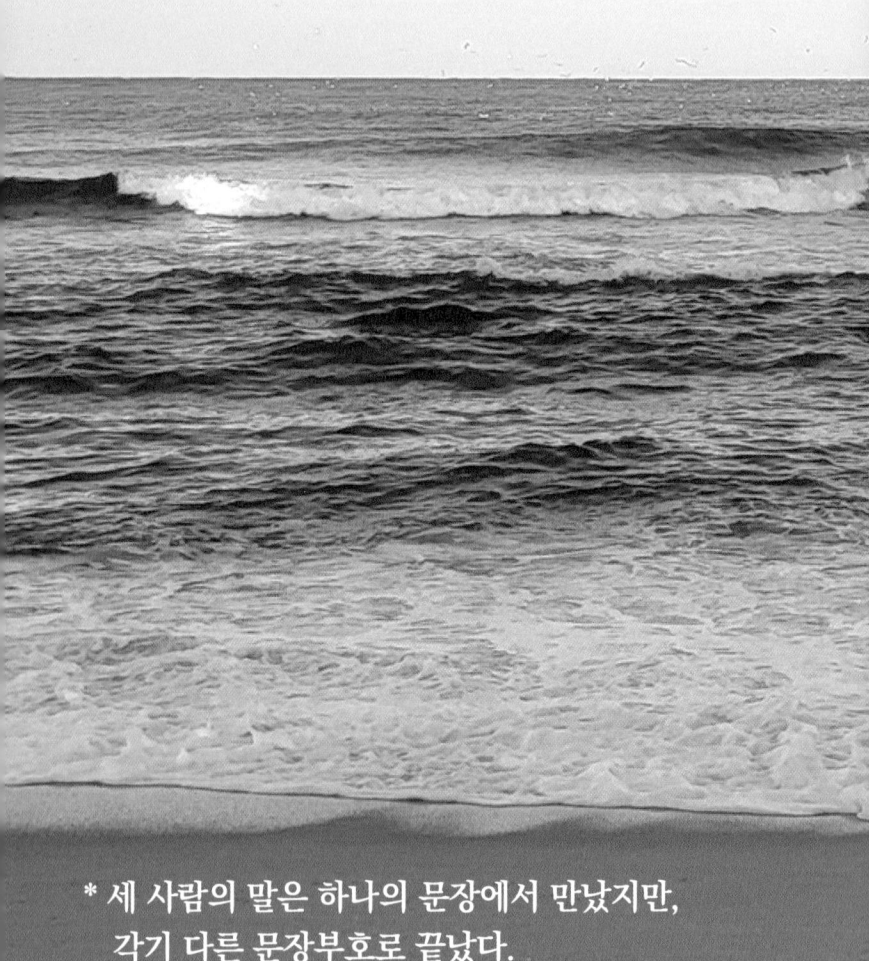

* 세 사람의 말은 하나의 문장에서 만났지만,
 각기 다른 문장부호로 끝났다.

삼인 삼색

언니의 전화다.
"오늘 점심 식사 같이할까?"
흔쾌히 오케이다.

여동생에게 전화한다.
"오늘 점심 식사 같이할래?"
좋단다.

닮은 듯 닮지 않은 세 자매다.
세 가지 음식을 주문하여
식성대로 먹는다.

카페로 자리 옮겨
취향대로 주문하고
각자의 이야기를 쏟아낸다.

닮은 듯 닮지 않은 우리
그래서 더 재밌다.
하늘과 바다와 땅이 그러하듯

석류

너나없이 챙기더라
갱년기엔 이만한 게 없다나
빨간 껍질 쫙 갈라지면
알알이 붉은 속살이
열정보다 센 정열로 솟더라

*** 가을 햇살 속에서 석류는 조용히 익었다.
  속을 열어 보면, 붉은 별들이 무수히 숨 쉬고 있었다.**

선물이 왔디야

무싯날이지.
갑자기 들이닥친 게야.
준비 없이 너를 맞은 마음이
사정없이 날뛰지 뭐니.

기차 타고 가던 날
돌아봤는데 옆자리에 네가 앉았잖아.
그 놀람, 넌 아니?
넌 가끔 그런 깜찍한 선물을 준비하더라.

네가 처음 내게로 왔을 때
그 넘쳤던 환희가
소소함으로 흘러
긴 여운으로 울리고 있어.

* 선물은 '나 너 생각했어'의 고체화다.
단, 정체는 종종 미스터리다.

소리, 힐링이더라

고즈넉한 산사를 즐겨 찾거든.
물소리 바람 소리 새소리
풍경소리 더하기 목탁 소리
몸 안의 소리, 들어 봐.

* 자연이 내주는 소리는 아무것도 요구하지 않는다.
  그저 들려주고 기다려 줄 뿐.

움직이지 않아도 돼
눈을 감아도 괜찮아
가만히 귀만 열어 둬
맑은 세포가 깨어나더라.

소원 불씨

하늘이란 공간을 우리는 우러른다.
아무것도 없는 허공에 불과할지 모르지만.
왠지 어마어마한 가능성이 열릴 것 같으니까.

너에게 소원이 뭐냐고 물어봤잖아.
일 초의 망설임도 없이 로또 일등 당첨이랬지
좋아, 누구나 한 번쯤 꿈꾸는 일이니까.

풍등에 소원 적어 하늘로 날렸어.
불꽃 담은 바람의 집, 반짝반짝 빛을 뿌리며
멀리 그리고 높이 올라가더라.

불꽃은 타오르고, 타오름은 소멸하는 거잖아.
풍등 안 소원 불꽃도 씨를 남기고 사라지겠지.
소원 씨앗이 하늘에 닿아 싹이 터 내려오기를.

*** 소원은 인간이 하늘에 띄운 질문이다.
 우리는 그 답을 살아가며 스스로 찾아간다.**

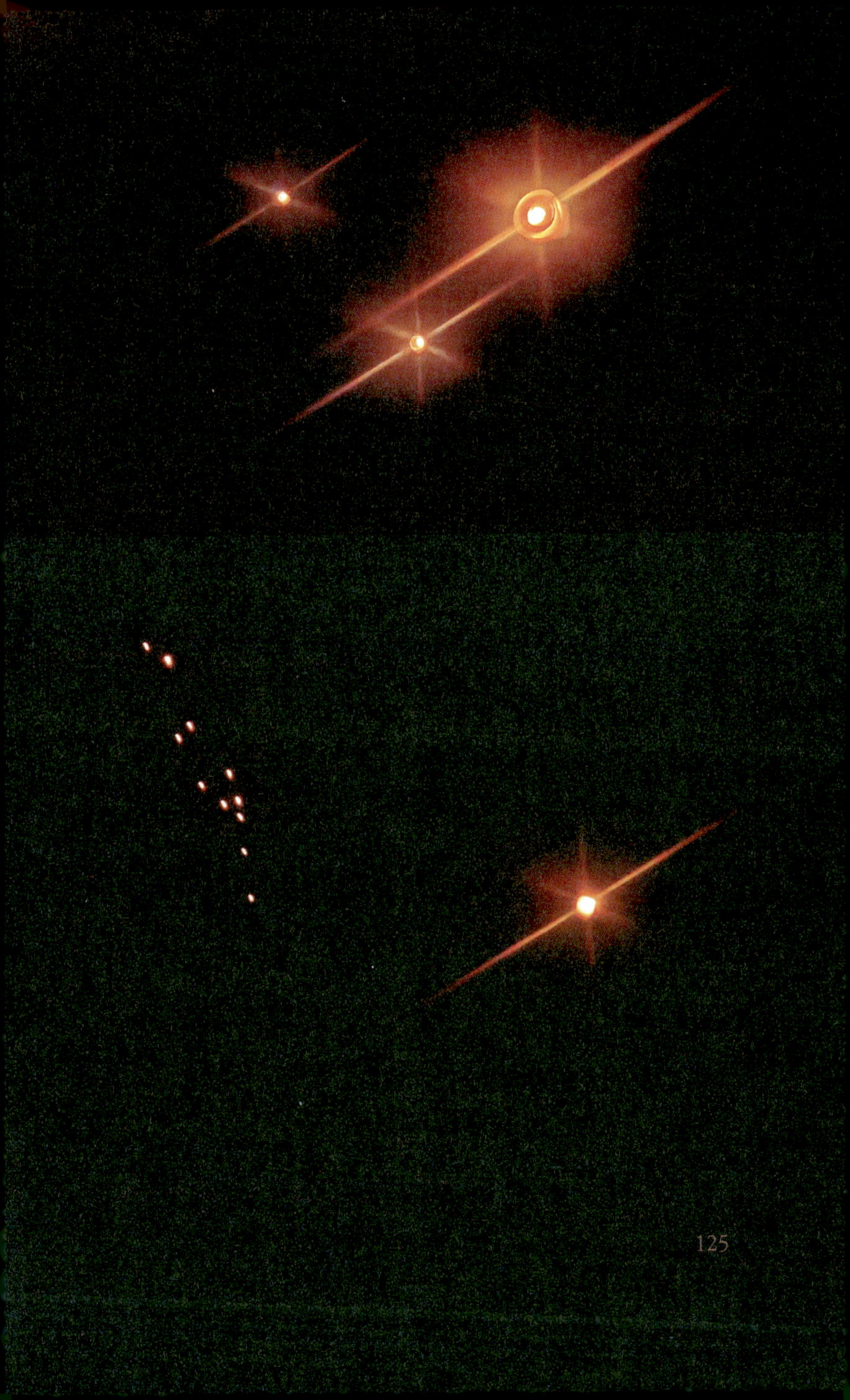

125

속도를 꿈꾸다

"저 오토바이, 집 한 채 값은 된다지 아마."

처음부터 고가의 오토바이가 이곳에 있지는 않았으렷다.
엔진 오일 냄새로 아침을 열었던 골목 안 사람들이 아닌가.
앞다퉈 문을 열었고 빠른 손놀림으로 오토바이를 정비했지.

가게 앞에는 언제나 해체된 오토바이에 연장들이 순서를
기다렸어. 한쪽에선 기름 묻은 손으로 렌치를 돌리고,
한쪽에선 기름 냄새 뿜어 올리며 시동 걸었지.

그들의 손놀림이 움직인 세월만큼 세상도 급물살 탄 게야.
어느덧 골목 안엔 값비싼 오토바이가 줄을 이었지.
덩달아 속도를 꿈꾸는 이들의 발길도 따라붙었어.

엔진 소리에 얹힌 심장이 시동을 건다.

*** 엔진이 울고 바람이 웃는 사이,
나는 어제라는 이름의 정류장을 지나쳤다.**

속이 타다

어쩜 인생이란,
속을 조금씩 태우며 버티는 일의 연속일지도 모른다.
다 타버릴까 두렵지만 드러내지 않고 꾹꾹 눌러 삼킨다.

언젠가는 한 줌의 재로 남을 것이란 걸 모를 리 없다.
묵혀두고 지우려 애쓰던 시간이 겹겹이 쌓이며
묵묵히 타오르는 것이다.

속이 탄다는 건 약함이 아니라,
무너지지 않기 위해
조용히 자신을 태우는 강함이라는 걸 이젠 안다.

*** 인생은 스스로가 읽어가는 낡은 시집이다.
의미는 언제나 마지막 페이지에 있다.**

손맛

엄마의 장독에서
된장, 고추장, 간장을
퍼담아 왔어.

엄마의 조리법
그대로 따라 했거든.
그 맛이 아니야.

나만의 조리법
내가 아닌
내 아이들을 위한

손맛, 그거
나도 갖고 싶다.
엄마니까.

*** 엄마의 손맛에는 계절이 있고,
추억이 있고, 그리움이 스몄다.**

수국

물과 흙의 말에 따라 얼굴빛을 달리하는 꽃이 있어.
산이 품은 붉은 점토 위에선 수줍은 연분홍으로 피어나고
바닷바람 머문 푸른 흙에서는 한 줄기 바람처럼
파랗게 웃더라.

자신을 키운 땅의 말을, 물의 기분을, 하늘의 기색을
고스란히 받아안고 그 색으로 피어나는 꽃, 수국이었어.
붉음은 사랑, 푸름은 그리움,
둘을 겹친 듯한 보라는 사랑의 그리움이려나.

거제도 저구항의 바다향 진한 푸른 수국이
귓속말로 그러더라. 흙 한 줌에도 마음이 있고
그 마음에 따라 꽃의 말도 다르다고 말이야.
푸른 비 맞아 더 푸른 듯했던 그날의 수국, 그립다.

*** 물의 기억을 안고 피어난 수국은
 흙의 감정을 색으로 번역하는 시인이다.**

* 사라지는 빛이 가장 아름답듯,
 노을은 끝이라는 이름의 또 다른 시작이다.

쉬어가는 숨

하루의 빛을 다 쏟아낸 하늘이 숨 고르고,
긴장으로 조여있던 빛줄기들은 서서히 힘을 뺐어.
남은 체온을 세상으로 내려보낼 시간이거든.

햇살의 부스러기가 잔잔히 강물 위에 내렸어.
작은 물결이 가만히 그 빛을 품었지.
아직 식지 않은 그 붉음이 세상을 물들이더라.

가던 걸음 멈추고 그 붉음을 바라보았어.
쉼 없이 달려온 하루를 천천히 접어 가슴에 넣고,
내 안의 소음을 조용히 잠재우라네.

노을의 품 안에서 하루를 말없이 정리했어.
가슴 깊은 데서 올라오는 한줄기 쉬어가는 숨.
오늘의 끝을 이해하려는 존재의 짧고 깊은 사유라네.

아들 & 딸

절벽을 흐르는 바위에 두 개의 구멍이 나란히 있었어.
자그마한 돌 하나에 간절한 마음을 담아 던졌대.
작은 구멍에는 아들을, 큰 구멍에는 딸을 점지해 준댔거든.

딸부자, 울 부모님
먼 길 마다하지 않고 절 찾아다니며 공들였다지.
아들 낳게 해달라고 말이야.

아들이든 딸이든 뭣이 중할까.
아들은 아들이라서 좋고, 딸은 딸이라서 좋은데 말이지.
새로운 생명의 잉태는 우주의 축복이고 성스러움이잖아.

절벽을 향해 조그마한 돌 하나 주워 던져 보았어.
두 개의 구멍을 빗겨 돌은 말없이 떨어지더군.
침묵 속으로 숨어든 소망이 누군가의 품으로 돌아왔으면.

*** 이 세상이 너에게 따뜻하길 바라며,
하루하루 너를 위한 기도를 잊지 않는다.**

4장 아스타

꽃은 자신을 낮추어 바람을 맞지만,
그 향기는 세상의 기억 속에 오래 남는다.

아스타

거창 감악산 별바람 언덕에서 꽃 축제가 열린다는 거야.
궁금하잖아. 산자락을 돌아 돌아 가보았어.
세상에나, 이런 곳에 이토록 널따란 꽃동산이 있을 줄이야.
펼쳐진 보랏빛 물결에 내 작은 마음이 쓸릴까 숨죽였잖아.

해발 구백 미터,
조금은 건방진 바람이 스쳐 가며 꽃대를 흔들었거든.
그것에 꺾일 꽃이라면 피지를 않았다는 듯
꼿꼿하게 보랏빛 향기 날리며 반짝반짝 빛나더라.

꽃잎마다 깃든 빛은 어느 시인의 숨결처럼 은밀히 번지고
세상은 한 폭의 수묵화 되어 아득한 기억 속으로 스며들었어.
보랏빛 기억의 물결은 잃어버린 시간의 서랍을 열고,
그 안에 감춰진 슬픔과 기쁨을 서로 포개어 노래하더라.

*** 시간이 물러간 자리에 피는 꽃, 아스타.
그것은 사라짐이 남기는 또 하나의 시작이다.**

아하!

밤새 무슨 일이야
처마 끝 얼음 줄기가
거꾸로 매달려 재주 부리잖아.

아들 바보 울 아버지
젤 긴 얼음 줄기 뚝 따서
눈 비비며 나온 남동생에게 건네더라.

나도 하나 따 달랬지
고드름 한 줄기에 호기심 두 줄기면
아하! 자연과학 아니니.

* **고드름은 무심한 자연이 내놓은 질문표,
　그 차가움은 감정이 아니라 존재의 조건이다.**

알

한 손에 쏙 들어올 작은 세계를 봤어.
그 안에서 발버둥 칠 진화가 궁금하잖아.
어쩜 우주보다 훨씬 커다란 가능성이
우리 앞에 놓일지도 모른다는 상상을 했지.

침묵보다 무거운 고요가 흘렀어.
그 안에서 어떤 혁명이 일어나고 있었을까.
발딱발딱 뛰는 심장 너머로
새벽 공기 가르는 날개가 꿈인가 했지.

자그마한 세계를 깨고 나온 너의 가능성을 봤어.
쫀득한 인생의 노른자 위를 건너
희망의 부리로 세상을 쪼며 날갯짓하겠지.
그래, 곧 우주보다 큰 세계가 네 앞에 열릴 거야.

* **껍질은 작으나 그 안엔 우주가 들었고,
 침묵은 짧으나 그 속엔 시간의 울림이 숨어 있다.**

양귀비

복숭아꽃이 궁 담장을 넘어 내 어깨 위에 내려앉은 날
제국의 황제, 그대를 보았습니다.
무거울 거 같았던 그대의 손길이 가벼이 내려앉았습니다.
그대가 나를 여인으로 부른 순간, 나의 숨결이 꽃잎 따라 피었습니다.

나는 이름 대신 귀비로 불리며 그대의 품속으로 스며들었습니다.
그대 눈이 머물고, 그대 숨이 스치는 곳을 따랐습니다.
그대의 부푼 사랑이 궁 안을 메우고 나라 안을 채웠습니다.
오직 나의 품만이 그대 것이었습니다.

그대를 웃게 하고 그대 마음이 오롯이 내 것이면 되는 줄 알았습니다.
나를 보며 웃는 그대의 웃음 너머로 다 타버린 등잔이 보였습니다.
백성의 한숨 소리, 군신의 원성이 내 비단 치마폭에서 서걱였습니다.
그대와의 사랑을 지키기 위해 이 한 몸 기꺼이 가루가 되기로 했습니다

그대는 단 한 번 천하를 놓지 못하고 나를 놓았습니다.

나를 놓으며 눈물 흘리는 그대를 보았습니다.

황제의 눈물이 아니라 한 여인의 남자로서 흘리는 눈물이었습니다.

그대 눈물의 의미를 알기에 원망하지 않았습니다.

이제 그대 곁을 떠나 허공에 머물러 있습니다.

그대 함께 했던 순간을 따라가고 싶지만 꿈일 뿐입니다.

땅에선 연리지와 같았다면 하늘에선 비익조를 꿈꿉니다.

그대여,
세상이 닳아 없어질 그날이 오더라도
그대의 귀비를 기억해 주소서.

사랑은 두 사람을 구하지만,
역사는 늘 한 사람을 심판한다.

양귀비꽃

양귀비 한 송이가 고요히 피어 있었어.
눈에 띄려고도, 감추려고도 하지 않더라.
피어난 그대로 충실히 살아가려는 모습이었어.

바람이 스치면 조용히 흔들리고
한낮의 짙은 햇살엔 살며시 눈을 감더라.
침묵으로 스민 시간 안에 애틋함만 서려 있었어.

그 애틋함은 이른 아침 안개 속에서 더 선명하고
늦은 오후 햇살 속에선 더 깊어지더라.
하루의 빛을 고스란히 끌어안은 듯 붉은 꽃, 양귀비.

* 유한함을 아는 꽃만이 시간 앞에서 침묵할 줄 안다.

어쩜 좋아

불씨 하나가 바람을 타고
수백 년 자리 지킨 나무들을 휘감았어.
산새는 날갯짓도 잊은 채 사라져 버렸지.

힐링의 에너지를 선물했던 그 오래된 솔밭.
많은 이에게 봄의 마음을 심어 주었건만,
그 초록의 숨결은 재가 되어 흩날렸어.

타오른 건 나무만이 아니더라.
할아버지의 산소, 할머니의 마음,
예쁜 이름 단 들꽃 가족의 봄날까지.
모두 타서 검은 흔적 하나로 남았어.

제발 비 좀 내려달라고 기도했어.
불씨를 꺼트릴 만큼이면 된다고.
재가 된 땅 위에
다시 이름 모를 풀 한 포기라도 조용히 돋기를.

* 불씨는 기억이다. 타버린 자리에 남아
다시 피어오를 어떤 운명을 품고 있다.

엄마의 맛

참 희한하다.
흉내라도 내고 싶지만 안 된다.
특별한 비법이 있는 것도 아닌데
엄마의 맛은 다르다.

큰아이가 청국장을 좋아한다.
아이는 엄마가 끓여준 청국장이 최고라며
엄지를 치켜올린다.

아이에게 말한다.
"내 엄마가 보내준 청국장이야.
그러니 외할머니 장맛이지."

아이가 말한다.
"내 엄마가 끓였으니 내 엄마 맛이지."
아, 그렇구나.
아이의 엄마인 내가 끓인 맛이구나.

* 엄마의 된장찌개는 계절이 바뀔 때마다
다른 향으로 돌아온다.
그건 그리움이고 사랑이다.

* 비움은 허함이 아니라 받아들일 준비다.

여백

그림의 완성은
붓끝이 닿지 않은 여백이듯
일정표에 비워 둔 한 줄 공백이
하루를 견딜 통로이더라.

닿지 않은 종이 끝자락 하얀 자리처럼
마음 한 자락쯤 비워 두는 삶은 어떨까.
꽉꽉 들어찬 마음엔
숨통이 막혀 달아나고 싶어지거든.

옹두리

올해 초, 건강검진 받았거든.
내 장기에서 발견된 커다란 용종 하나
내가 잠든 사이, 떼어냈다는 거야
근데 그 크기가 좀 컸다지 뭐니.

일주일 후 다시 방문하래
가슴이 철렁하더라
별일 아닐 거라 여기면서도
혹여나 싶어 마음이 쓰이는 거야

일주일 후, 조직검사 결과 앞에 앉았어
긴장감이 올라와 모니터가 어릿어릿한 거야
다행히 암으로 진행하지 않는 거란 말에
정신이 제자리로 돌아오더라.

휴! 다행이지 뭐니.
안도와 함께 마냥 무심하게 내버려 뒀던 것에 대한
소중함을 껴안았어.

* 건강은 말없이 웃는 순간이다.
  우리는 그 웃음을 잃고 나서야 얼마나
  따뜻했는지 깨닫는다.

* 도깨비의 숨결이 스민 어둠 속,
 그 불빛은 사라진 꿈이 잠시 머무는 자리였다.

왕버들

내 나이 삼백 살, 옛이야기 해 볼까.
여기, 봐봐.
내 몸에 커다란 구멍이 있었거든.
그 안에 도깨비가 살았단 말이지.

혹, 들어 봤니.
도깨비 불빛 말이야.
밤에 이곳을 지날 때면
내 몸 안에서 반짝반짝 불빛이 났거든.

지금은 왜 불빛이 안 나냐고?
내 몸의 구멍을 막아버렸잖아.
외과 수술 당한 거지
폴리우레탄수지로 꽁꽁 막아버렸지.

도깨비는 어찌 되었을까.
내 안에 갇혀 나오지도 못하고
숨 막혀 죽어버렸단 말이지.
도깨비가 살던 그때가 그립네.

웃자

몇 명이 함께 여행 가기로 한 다음 날 아침이었어.
생각보다 시간이 여유로운 거야.
느긋하게 준비하고 기분 좋게 집을 나섰지.
아뿔싸, 내가 기억하는 시간은
출발 시간이 아니라 도착 시간이었던 거야.
어째, 웃을 수밖에
어차피 시간은 지났고 차는 떠난 거고.

어젯밤 주체할 수 없는 식탐을 누르지 못하고
치킨에, 피자에 탄산음료까지 아주 야무지게 흡입했지.
아침에 일어나니 온몸이 두툼하더라고.
어째, 먹을 땐 행복했잖아.
어차피 살은 찐 거고, 웃자고.

할 일은 많은데 놀고는 싶고
다 제쳐두고 가방 챙겨 여행 떠났지.
몇 박 여행하고 돌아보니 태산 같은 할 일이 기다리더라.
어째, 여행은 알차고 유익했잖아.
어차피 해야 할 일인 것이고, 웃자고.

* 웃음은 마음의 햇빛이다.
  자주 웃을수록 마음의 그림자는 작아진다.

유주(乳柱)

"유주다."

느티나무가 유주를 달고 있었어.
유주는 나뭇가지에서 아래로 종유석처럼 자라나는 돌기를 말해.
오래된 은행나무에서나 드물게 볼 수 있었거든.
근데 청송 신기리에 천연기념물로 지정된
느티나무에 달렸더라.

유주(乳柱), 직역하면 '젖기둥'이거든.
아이를 낳은 산모가 젖이 잘 나오지 않을 때가 있잖아.
근데 말이지, 유주가 달린 나무에 치성을 드리면
젖이 잘 나왔다는 전설이 전해지고 있어.
또 아들을 낳고자 하는 여인들이 유주를 만지거나
기원하는 풍습도 있었대. 출산과 풍요를 기원하는 상징적
의미가 담겼다고 보면 되겠지.

생물학적으로 해석하면,
뿌리의 호흡작용을 돕기 위해 공기 중으로
뻗어 나온 변형된 뿌리래.

또 나무가 줄기나 가지에 상처를 입을 때가 있잖아.
자가 치유의 방법으로 특정 방어물질이 분비되어 유주가 만들어진다고도 하네.

간절히 바라면 이루어진다잖아.
은행나무든 느티나무든, 모든 건 마음 안에 있다고 생각해.

신앙은 보이지 않는 것에 대한 확신이 아니라,
보이지 않아도 걸어가는 걸음의 태도다.

응시 1

무엇을 보고 있는가.
파란 바탕에 하얀 나무다.
그들은 어떤 상상을 하는 걸까.

투명 바람이 하얀 나무를 스쳐 간다.
은박 조각이 바람 타고 반짝인다.
푸른 하늘에 흰 눈이 내린다면 저럴까.

각각의 머릿속이 궁금하다.

* 그의 응시는 말보다 길다.
  아무 말 없이 이미 모든 걸 이야기하고 있다.

응시2

그들의 머릿속이 궁금하다.
같은 곳을 바라보지만, 생각 지도가 다르다.
두려움, 조바심, 즐거움, 무엇도 아닐 수 있다.
알 수 없는 관점 안으로 들어간다.

하나의 생각이 둘이란 집을 짓고
둘이란 집 안에 가족이 하나둘 늘어난다.
가족이란 개체엔 책임이 따른다.
책임의 무게가 가볍지 않다.

사유의 힘은 무거움이다.
무거움의 작용이 요동친다.
그들의 관점 안에 무거움이 스민다.
조용히 일어나 자리를 뜬다.

* 응시는 타인을 보는 일이 아니다.
 나를 비추는 거울을 가만히 들여다보는 일이다.

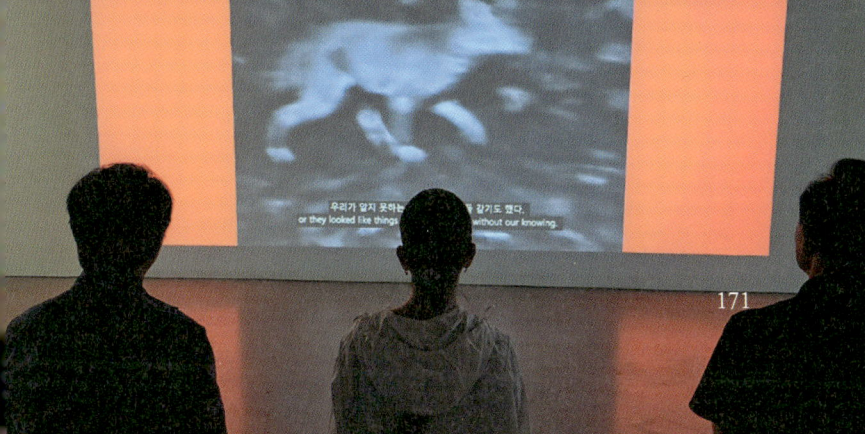

이렇게도 봐봐

지금 보이는 게 다가 아니야
자세를 조금만 낮춰 봐
저기 아래 보이지 않던 거 있지
어때? 참 신선하게 다가오지.

* 시선은 말보다 먼저 마음을 전하는 언어다.
  어디를 어떻게 보느냐에 따라 그 사람의 세계가
  드러난다.

인사

이상해.
모르는 사람에게는 쉽게 인사를 건네잖아.
그러면서 가장 가까운 사람에게는 대충 흘리고 말아.
"잘 지냈어?"
"오늘 어땠어?"
그 짧은 인사 한마디가 가장 가까운 사이에서는
의지이고, 위로이기도 한데 말이야.

우리는 너무 잘 안다고 생각하여 그냥 지나치고,
말하지 않아도 어련히 잘 알거라 속단해 버려.
심지어는 사랑하니까 말하지 않아도 안다고 생각해.
말하지 않으면 몰라. 말하지 않는데 어떻게 알아.
그리하여
가장 아끼는 사람과는 가장 먼 거리에서 서성인다잖아.
그러지 말자.

*** 인사는 타인의 존재에 닿기 위한
  가장 부드러운 노크다.**

인연

하늘과 바다의 경계를 가르고
구름을 밀치고 바람을 헤치며
끝없이 펼쳐진 다리를 건너
너를 만나러 온 게야.

인연의 겁
옷깃을 한 번 스치면 오백 겁
부부로 연을 맺으면 칠천 겁
부모와 자식의 연은 팔천 겁

일 겁이란
사방 십 리에 쌓은 돌산을
백 년에 한 번씩 선녀가 내려와
비단 치마로 바위를 스쳐
돌산이 다 닳아 없어지는 시간이래.

너와 나
부부의 연을 맺고
자식을 낳아 부모가 되었으니
억 배의 겁을 거친 인연이라지
하늘·땅·바다 끝까지면 될까.

* 실처럼 가늘게 이어진 인연,
  끊어질 듯 말 듯 매달려 어느새 삶의 무늬가 되었다.

* 파도는 끝없이 밀려와 잊은 줄 알았던 감정을 다시 안겨준다.

있잖아

어느 해, 한파가 온다지만
겨울 바다를 보러 갔어.
하얀 파도가 세차게 밀려오더라
그 거침없는 질주에 추위마저 밀렸는지
가슴팍에 안긴 바다가 시원했어.

그리고 있잖아.
파도 위로 부서지는
눈부시게 반짝이는 빛을 봤거든.
흩어지는 하얀 파편이
어느 보석보다 더 반짝였어.

그런데 있잖아.
아련한 먼바다를 응시하는
네 눈빛이 더 빛나지 뭐니
그런 네가 얼마나 사랑스럽던지.

자목련

아직 겨울의 체온이 가시지 않았는데,
소리 없이 열리는 그 한 송이 안에
또 하나의 계절이 숨을 들이쉬더라.

하얀 눈 속에서 오래 머문 보랏빛,
눈 녹은 물기 속에서 움터 오르더니
겨울의 마지막 침묵을 열어젖히더라.

향기 없이 무심히 피어도 괜찮아
향기를 퍼트리지 않아도 세상은 충분히 기억해
눈부심 대신 깊이로 남고 싶은 존재 방식이 돋보이잖아.

* 향기보다 앞선 건 침묵이다.
  자목련은 그 침묵의 철학을 따른다.

* 나의 발이 닿는 곳마다 길이 되고, 마음이 향하는 곳마다 세상이 열린다. 그것이 자유다.

자유

우리는 각자의 틀을 갖고 있어
너는 나를 가두는 틀
나는 너를 가두는 틀
그러면서 자신의 틀만을 고집해.

너는 그랬어.
"나를 좀 내버려 둬. 내가 알아서 할게."
알아서 하도록 두면 내 속이 문드러지는걸
그걸 알기에 내가 먼저 네 틀 안으로 웅크리고 들어갔지.

내가 네 틀 안으로 들어갔으니 이젠 네 차례야
나의 틀이 비록 좁고 작더라도 너도 들어와 줘
그것이 너와 나의 평화, 그리고 자유니까.
우리는 그렇게 하나 되어 세상의 틀을 넓히며 살아가면 돼.

나는 네 품 안에서
너는 내 품 안에서
너는 하늘이 되고, 나는 구름이 되는 거지
그럼, 우리가 못 누릴 건 없지 않을까.

5장 코스모스

작은 마음 하나에도 온기가 담겨
멀리서도 전해지는 따스함,
사랑은 소리 없이 번져간다.

잘 자라다오

수많은 꽃이 피고 진 자리에 동그마니 아기 감 혼자다.
가끔 거칠게 울어대는 천둥 번개가 두렵기도 하겠지.
비바람이 사납게 내리치는 날이면 견디려 안간힘 쓰겠지.
어둠이 찾아오면 꼭꼭 숨고 싶기도 하겠지.

걱정하지 마, 내가 지켜 줄게
감 이파리가 아기 감을 감싸 안는다.
엄마 품에 안겨 잠든 아기처럼
아기 감 얼굴이 평온하다.

생명이 자란다는 것, 새로운 세상에 뿌리내림이다.
탄탄하게 자리 잡은 뿌리에서 튼실한 줄기가 오르고
줄기에서 가지가 뻗고, 뻗은 가지마다 꽃 피고 열매 맺는다.
잘 익은 열매는 또 다른 생명을 품는다.

*** 물 한 방울에도 생명이 깃들 듯
   희망은 언제나 가장 작은 곳에서 피어난다.**

제비꽃

언제부턴가 자꾸만 마음이 가는 거야
들길을 가든 산길을 가든 자꾸만 살피게 되더군
혹여나 눈에 띄면 그냥 갈 수 없더라고
볼 적마다 몸을 낮춰 네 존재의 흔적을 남기게 되더라.

초봄의 바랜 잎들 사이, 그늘과 빛의 경계선에
대지의 무늬를 따라 피어난 꽃, 제비꽃
보라색 꽃잎이 하루해가 저물며 남긴 잔광 같았어.
작지만 시선을 당기는 작은 중심, 한 점의 고요더라.

보이기 위해 애쓰지 않고 빛나기 위해 들뜨지 않았어
누군가가 알아주길 바라기보다는 스스로 자신을 낮춰 피었지.
발을 멈추고 눈을 낮춰야만 비로소 보이는 꽃
'작음' 속에 담긴 깊이, 그건 잔잔한 강물 같은 겸손이더라.

*** 작다는 이유로 잊히지만,
  제비꽃은 존재함으로써 세계의 빈자리를 채운다.**

젤 잘한 일

내가
세상에
태어나
젤 잘한 일
아이들이지.

아이들은
내 삶의
흔적이며
결실이며
사랑이니까.

* 가장 고요한 순간에
  결실은 말없이 빛난다.

주머니 사정

이래 살피고, 저래 살핀 후
얼만지 물어보고
갸우뚱 고개 저으며
자리 떴어.

여기 기웃, 저기 기웃
아무리 돌아봐도
여기나 저기나
비싼 건 매한가지.

간고등어나 한 마리 사서
저녁상에 올려야겠다.
얄팍한 주머니 사정에
마음마저 얇아지는군.

* **텅 빈 주머니 속에서 그는
 꿈 하나를 주워 들고 걸었다.**

* 초롱꽃은 바람에 흔들리며,
　소리 없는 울림으로 존재의 깊이를 증명한다.

초롱꽃

당신의 매력은 겸허함입니다.
짧지도 길지도 않은 그 삶은,
오직 머무름과 기다림으로 채워진 듯 보입니다.

사람들이 무심히 지나치는 산길이나 풀숲에서
당신을 보았습니다.
그 누구의 발걸음에도 조용히 흔들리며,
아무 말 없이 피고 지는 꽃이었습니다.

무언가를 애써 말하지 않아도
그저 존재만으로 전달되는 감정이 있습니다.
말을 아끼는 대신 오래된 마음으로 기도하고,
수줍음으로 인사하며, 고요한 떨림으로 다가옵니다.

가만히 꽃을 들여다봅니다.
종을 닮은 꽃잎 사이로 수많은 이야기가
매달려 있는 듯합니다.
그리움, 기다림, 미처 전하지 못한 말,
그리고, 끝내 울리지 못한 종소리 하나.

추억 마중

물 한 바가지 쏟아붓고
순간을 놓칠세라 펌프질한다.
꾸르륵 콸콸 솟구치는 물줄기
그리움 한 줄기도 쏟아낸다.

울 아버지 등목하던 수돗가
햇살에 튀어 오른 물방울만치
추억, 하염없이 쏟아지지만
아버지 지나다닌 그림자만 아련하다.

* 추억은 가슴 속 오래된 편지,
  그리움의 잉크로 지워지지 않은
  문장들을 품고 있다.

* 친구는 함께 웃는 사람이 아니라,
  함께 무너져도 손을 놓지 않는 사람이다.

친구 하자

아주 쾌청한 날이었어
소풍하기 딱 좋은 그런 날 말이야.
가만히 자리만 지키고 있으려니
갑갑하고 미치겠더라.
수다 떨 친구라도 있으면 좋으련만.

아무리 둘러봐도 그런 친구가 없는 거야.
가지 하나 축 늘어뜨리고 신세 한탄 좀 했지.
바람 한 바퀴 지나가고
하얀 솜털 같은 녀석이 쓱 다가오더라.
싱긋, 혼자 웃었어.

200

커피 드실래요

아침에 눈을 뜨면
습관처럼 찾는 것
따뜻한 커피 한 잔
하루의 시작점이다.

"커피 한잔하실래요."
누군가와 대화를 나누고 싶을 때
만남이 필요할 때
스스럼없이 건네는 말이다.

인공지능 로봇이 건네준 커피를 받아 들고
돌아서며 드는 생각
'情으로 원 샷 추가요'
오늘은 따스한 햇볕 아래가 좋다.

* 커피 향이 번지는 순간, 마음도 조금씩 풀려간다.

코스모스

기다림이 길면 목이 길어진다잖아
목이 가늘고 긴 꽃이 있거든.
만인의 팬을 둔 코스모스야
만인의 연인, 코스모스는
바람을 좋아해서 바람을 기다린대.

바람 적당히 불던 어느 날이었지
하늘하늘 바람 타는 코스모스를 보았어.
누구든 가장 빛나는 때가 있는 거잖아.
그는 오늘을 위하여 모진 날 견뎌
그리도 아름답게 피었나 봐.

나도 바람을 안았어. 그리고 걸었지.
코스모스 꽃잎이 손끝 따라 오더라
내 기다림의 누군가와 손잡고 걷는 기분,
눌러둔 그리움 한 조각 흘러나왔나 봐
코스모스 꽃잎 탄 마음이 조용히 흔들렸어.

* 흔들리는 건 약해서가 아니라 살아 있어서다.
  코스모스는 존재의 떨림으로 자기를 증명한다.

탈피

허물없는 삶 있을까.
덕지덕지 붙은 내 허물은 모르고
남의 허물만 탓하는 이 있더라.
성인군자도 허물은 있어.

성충이 되기까지 삶에
보호막이 필요했어.
짧지만 멋진 삶을 위해
이젠 허물을 벗을 거야.

* 지난 나를 흘려보내야 새날의 햇살이 스며든다.

* 완벽한 벽은 숨 막히지만,
   틈새 있는 벽은 삶을 들여놓는다.

틈새 전략

너에겐 참 쉬운 일인데
나에겐 너무 어려운 일 같잖아.
세상을 향해 머리 내어 들이대기도 해보고
발길질도 해봤어.

삶의 질량에 눌린 저항의 힘이라도 괜찮아
바늘귀 같은 틈을 헤집으며
실낱같은 빛을 쏘아 올렸지.

내 안에 싹튼 의지가 올라와
줄기가 자라고 넝쿨이 어우러지고
꽃망울이 터져 빛을 발하더라.

내가 비집고 나온 세상
하늘도 땅도 다르지 않아
한다면 하는 거야
네가 아닌 나도.

풍경

고요만 있었어.
고요 위로 새가 날고 바람이 불어왔지.
바람의 리듬 속으로 풍경이 들어갔어.
풍경이 만든 음률에 새들이 흥을 타더라.

산사의 누각에 앉아 쉼을 누렸어.
차 한 잔 마시며 쉬어가라는 문구가 정겨웠지.
아기자기한 먹거리가 쉼을 누리게 해주었어.
알사탕 한 알에 인연이 머물더라.

초롱초롱한 초록 풍경에 속이 탁 트였어.
선선한 바람 불어와 땀을 씻기고 마음도 씻었지.
댕댕 댕 댕댕 댕
풍경이 풍경 속으로 스미더라.

*** 세상 모든 소리가 바쁘게 달릴 때
풍경소리만은 제자리에서 천천히
마음을 건넨다.**

하나인 듯

그냥 눈길이 머물러
쪼그려 앉았어.
노란 민들레 두 송이
한 몸인 듯 정답지 뭐야.

기억나니.
하나처럼 살자고
새끼손가락 걸며
그때 했던 약속 말이야.

제법 세월이 흘러
너도 무뎌지고
나도 무뎌지고
손가락 감촉마저 가물거리지 뭐니.

하지만, 그거 아니.
너와 나
티격태격 쌓인 정(情)이
민들레 뿌리보다 깊숙이
얽히고 엮여 있다는 것을.

* 하늘과 바람이 나뉘지 않듯,
　너와 나는 다른 이름 아래 같은 본질.

하늘꽃

넌 봤니?
난 봤어.
하늘에 꽃이 피었더라.

무슨 꽃이 피었어?
오늘은 벚꽃이 폈더라
근데
벚꽃만 피는 게 아니야.

또 무슨 꽃이 피는데?
우리가 원하면 다 펴
별꽃도 피고
바람꽃도 피고

또?
희망 꽃도 펴

* 꽃은 계절의 입술로 피어난 사랑의 언어이며,
  언젠가 질 것을 알면서도 피는 용기의 은유다.

하심(下心)

물이 맑고 풍광 좋기로 이름난 수승대에서
하심송(下心松)을 보았어.
'머리를 숙이면 세상과 부딪힐 일이 없습니다.'
하심송에 붙은 글귀가 마음 안으로 들어왔어.

돌아보니 나 잘 났다고 머리 꼿꼿하게 쳐들고
굽히지 않으려 한 날이 삶의 태반이었지.
부딪히고 깨지며 그렇게 사는 것이
치열하고 열정적으로 잘 사는 것인 줄 알았거든.

하심, 그건 무릎을 꿇는 일이 아니라 마음을 펴는 일
내 안을 비워 너를 담는 그릇이 되는 일
소리치지 않아도 깊은 강은 흐르고
나서지 않아도 깊은 마음은 전해지거늘.

* 하심은 말없이 피는 꽃과 같다.
  드러나지 않아도 향기로 모든 이를 감싼다.

함께 하면 좋은 사람

어떤 사람이랑 함께 할 때 가장 편할까.

함께 있으면 말이 필요 없는 사람
침묵이 어색하지 않은 사람
시간이 언제 흘렀는지 잊게 해 주는
그런 사람이지.

가끔 그럴 때 있잖아.
대화가 끊긴 후 흐르는 정적이 어색해서
온갖 수다를 다 늘어놓아야 했던 경험
만남이 끝나고 돌아서면 피곤이 급습하잖아.

함께 하면 좋은 사람은
꼭 자신과 비슷한 사람은 아니야.
다르면 다른 만큼 더 깊이 바라봐 주는 사람
그런 사람이면 더할 나위 없잖아.

말없이 찻잔을 건네고
서로의 시간을 존중해 주고
때론 자신보다 상대를 더 잘 알아봐 주는 사람
삶은 어쩜, 그런 사람 하나 곁에 두는 일인지도 몰라.

* 함께 있는 시간이 아니라 떠난 후에도
마음을 따뜻하게 하는 사람,
그런 사람이 좋은 사람이다.

허공

어느 날,
티 없이 맑은 하늘을 오래 바라보았지.
눈이 시릴 만큼 푸르고
무언가 빈 듯하면서 꽉 찬 느낌이었어.

저기 저, 맑고 푸른 하늘은
무게도, 그림자도, 향기도 없지만,
그 너른 자리를 언제나 비워두고
무한 기다리기만 할 것 같았어.

새는 그 위를 날겠고,
바람은 그 속을 지나겠지.
아무것도 머무르진 않지만,
모두가 지나쳐야만 하는 길 같았어.

구름조차 쉬어가지 않는 날,
그날의 하늘이 그랬어.
텅 빈 것이 아니라,
가장 많은 것을 품은 것이라고.

* 허공은 아무것도 없기에,
  모든 가능성의 씨앗을 품고 있다.

* 형제란, 시간이 흘러도 같은 냄새를 기억하는 사이.
겨울 난로의 온기나 비 오는 날의
고무신 냄새처럼.

형제

가지 많은 나무에 바람 잘 날 없다고 했잖아
나는 일곱 가지 중 네 번째야
위에서 네 번째, 아래에서 네 번째
이리 치이고 저리 치였을 것 같지.

아니, 모두의 예상이 빗나갔어.
궂은일은 위에서 처리해 주었고
소일거리는 아래에서 맡아 주었지.
행운의 자리가 중앙이더라.

형제는 그런 거였어.
가끔은 엄마가 되고 아빠도 되고
어떨 땐 친구가 되기도 하고
때로는 조언자가 되기도 하더라.

어쩌다 태풍에 휩쓸려
머리카락이 쥐어뜯긴 적이 왜 없었을까.
하지만 그런 상처쯤은
다음 날 태양이 떠오르기 전에 아물고
이내 새살이 돋아나더라.

화양연화

어느 봄날이었어
차를 타고 꽃길을 달렸거든.
꽃들의 폭죽놀이 알지
꽃망울이 볼을 빵빵하게 부풀리며
후, 바람을 내뿜더라.

꽃잎이 화르르
하늘 높이 흩어지더니
조르륵 미끄러지듯
차 위로 내려앉더라.

그런 기분 있잖아.
방금 결혼식 마치고
신혼여행 떠날 때의
환희를 머금은 수줍음 같은 것
그래, 그런 것.

* 꽃은 지고 나서야 가장 아름다웠음을 안다.
  사랑도, 청춘도 그렇더라.

후회한들

나도 한창일 때가 있었어
지나가던 새들도 내 가지에
둥지 틀고 싶어 어슬렁댔단 말이지.

내가 이렇게 꺾여버릴 줄 누가 알았겠어
산전수전, 천재지변도 다 견뎌냈기에
천수 누리며 만수도 올 줄 알았지.

그게 내 맘대로 되는 게 아니더군.
이제야 후회되는 게 뭔지 아니
거들먹대지 말걸, 좀 너그러울걸.

내 위엔 아무도 없는 줄 알았잖아
내가 바닥에 내려앉고 보니 다 위네
후회한들 이미 늦었더라

*** 돌아갈 수 없다는 걸 알 때,
비로소 돌아보고 싶어진다.**

빛을 사유하다

초판 1쇄 발행	2025년 10월 20일

지은이	백후자
펴낸이	김병호
펴낸곳	주식회사 바른북스
편집/디자인	오혜수

발행처	주식회사 바른북스
출판등록	2019년 4월 3일 제 2019-000040호
주소	서울시 성동구 연무장5길 9-16, 301호 (성수동2가, 블루스톤타워)

전화 | 팩스	070-7857-9719 | 070-7610-9820
이메일 | 홈페이지	barunbooks21@naver.com | www.barunbooks.com
값 17,000원	

ISBN	979-11-7263-623-4 03810

ⓒ백후자, 2025

이 책의 판권은 지은이와 도서출판 바른북스에 있습니다.
양측의 서면 동의 없는 무단 전재 및 복제를 금합니다.

이 책은 (재)구미문화재단 「2025 전문예술인 활동지원사업」으로 발간되었습니다.